AF382034

Déambulation intime
Au pays de Lourdes

Avec la collaboration de Murielle Neveux,
Mémoire et portrait
memoireetportrait.com

Édition : BoD · Books on Demand,
31 avenue Saint-Rémy, 57600 Forbach,
bod@bod.fr

Impression : Libri Plureos GmbH,
Friedensallee 273, 22763 Hamburg (Allemagne)

ISBN : 978-2-3225-7219-9

Dépôt légal : Avril 2025

Photo de couverture : L'ancienne église Saint-Pierre
de Lourdes

JOSÉ ANDUJAR

Déambulation intime
Au pays de Lourdes

I

NOS HALLES, LE MARCHÉ ET LES FOIRES

Les halles de Lourdes

Au temple des délices

Chers lecteurs, laissez-moi vous convier à une balade intime, au cœur de Lourdes, cité qui m'est si chère et familière, qui m'a vu naître et où je vis depuis bientôt quatre-vingt-dix ans.

Ne nous hâtons point vers le sanctuaire sacré, qui attire les pèlerins par milliers : je vous invite en premier lieu à entrer par la porte discrète, celle du quotidien, où la vie simple se déroule et se répète... Et quoi de plus ordinaire que le pain partagé ? Je vous conduis vers les halles et le marché.

Connaissez-vous, habitants de notre douce ville, l'histoire de ces lieux où chaque jour s'éveille ? Je n'en suis pas certain, alors prêtez l'oreille, et vous, visiteurs curieux, écoutez cette merveille...

Les halles de Lourdes se dressent fièrement en

centre-ville. Leur architecture métallique, héritage du XIXᵉ siècle, nous conte une histoire étonnante. Nées sur le marché de la Pierre à Toulouse, elles furent démontées, vendues, puis reconstruites ici. Transportées par chemin de fer, elles ont trouvé refuge sur la place du Champ Commun. En 1893, les travaux principaux se sont achevés, mais ce n'est qu'en 1896 qu'elles ont ouvert leurs portes, offrant un espace de 2 700 m², accessible par quatre entrées, dont la principale, sur la rue centrale, est un lieu de rencontres animées.

Le samedi matin, c'est un ballet de couleurs et de saveurs, où les bons vivants se retrouvent, verre à la main, pour entonner des chansons, en français ou en patois. Le chant *Les Montagnards sont là* résonne entre les étals, mêlant les rires et les voix, dans une cacophonie joyeuse. C'est la chanson la plus connue d'Alfred Roland. Ce musicien est né à Paris en 1797 et a passé une grande partie de sa vie à Bagnères-de-Bigorre, où il a créé le conservatoire de musique.

Montagnes Pyrénées
Vous êtes mes amours,
Cabanes fortunées
Vous me plairez toujours,
Rien n'est si beau que ma Patrie
Rien ne plaît tant à mon amie
Ô montagnards, ô montagnards
Chantez en chœur, chantez en chœur

De mon pays, de mon pays
La paix et le bonheur
Halte là ! Halte là ! Halte là !
Les montagnards, les montagnards
Halte là ! Halte là ! Halte là !
Les montagnards sont là
Les montagnards, les montagnards
Les montagnards sont là !

Chez nous, les Pyrénéens, le marché se dit aussi « le quartier ».

On le sait : les halles, ou marché couvert, sont un espace dédié à la vente et à la conservation des produits de première nécessité, dans un environnement aéré propice à leur bonne conservation. Dans les halles de Lourdes, les produits viennent des quatre coins des Hautes et Basses Pyrénées. S'y adjoint un marché découvert, où les paysans locaux viennent vendre leurs produits.

Pour nous, Pyrénéens et surtout Lourdais, ce lieu est bien plus qu'un simple lieu de ravitaillement. C'est un espace d'échanges et de rencontres où l'on aime se rendre même sans besoin particulier. Dans nos halles, il règne une atmosphère de sympathie et de convivialité réchauffant les cœurs. L'empathie est une qualité naturelle chez les Pyrénéens. Le marché est un lieu où chaque rencontre se transforme en fête, où les durs labeurs quotidiens s'oublient le temps d'une

L'incontournable buvette des halles

matinée. Les passants, pèlerins et touristes, attirés par l'ambiance festive, rêvent de s'y joindre, de vivre un instant cette chaleur unique, différente de celle qu'ils connaissent. Et cela, c'est aussi la magie du marché.

J'ai souvent observé, attendu, guetté une plainte sur les prix élevés, mais personne n'oserait marchander ou demander une réduction. Ce n'est pas ainsi que fonctionne notre marché. Certes, on peut trouver la marchandise un peu chère qu'ailleurs, mais on y retourne toujours, accueillis par des sourires chaleureux qui nous font oublier leur coût.

Les produits proviennent essentiellement des montagnes proches de notre ville. Les fermes d'Arrens-Marsous au cœur du Val d'Azun, à 900 mètres d'altitude, fabriquent de délicieux fromages. Sur les hauteurs, brebis, chèvres et vaches broutent une herbe rase, et leur lait est à la base de produits ancestraux, d'une qualité incontestable, que l'on retrouve sur nos étals. Les fromagers des Pyrénées, au grand savoir-faire, offrent de déguster sur place ou d'emporter des fromages divers : l'Ossau-Iraty, l'un des plus grands fromages de brebis dont parlaient déjà les Romains, des crottins et tommes de brebis, chèvre ou vache, ou cette tomme mêlant deux ou trois laits : la fameuse Tomme des Pyrénées, dotée d'une belle croûte grise tirant vers le jaune. D'autres fromages pyrénéens associent ainsi deux ou trois laits, comme le fromage de Barousse, au bon parfum d'herbes fraîches…

Les bouchers pyrénéens de nos halles proposent

de la viande de bœuf provenant des montagnes et des hauts sommets. Les bêtes passent les trois quarts de leur vie sur des zones de pâturage, se nourrissant d'herbes de qualité variée. Ce sont des endroits privilégiés pour l'estive, rythmée par le tintement des sonnailles des troupeaux...

Les charcutiers, en contact permanent avec les mêmes fournisseurs locaux, proposent des plats préparés à la présentation hors du commun. On y trouve un ensemble de produits à base de porc local, tels que le boudin aux châtaignes, les saucissons cuits à l'ail, la ventrèche plate roulée, ainsi que la garbure, typiquement préparée à la bigourdane. La ventrèche, à base de poitrine, est souvent préparée en roulade, farcie avec divers ingrédients comme des herbes, des épices, ou même des légumes, puis cuite lentement pour obtenir une viande tendre et savoureuse. Quelle texture, quelle saveur ! On la sert souvent en tranches. La garbure à la bigourdane est une soupe rustique originaire de la région de Bigorre. C'est un plat réconfortant et nourrissant, idéal pour les journées froides, à base de chou, de lard ou autres viandes et de haricots blancs. Tous ces produits sont entièrement élaborés dans leurs laboratoires par des Lourdais, de père en fils.

Chez nos maraîchers, on trouve notamment les haricots tarbais, connus nationalement et même jusqu'en Argentine, où les habitants les ont adoptés ! Tarbes se trouve seulement à 18 kilomètres de Lourdes. Vous pouvez trouver au marché un traiteur qui prépare des

Intérieur des halles

plats chauds de haricots tarbais, accompagnés de morceaux d'agneau de nos montagnes.

Les poissonniers déploient des étals riches et variés ravissant les regards ; l'un d'eux ramène chaque jour des poissons frais en provenance de Saint-Jean-de-Luz. Limandes, morues, soles, merlus, mollusques, crustacés, saumons, brochets, carpes, et bien d'autres encore, s'offrent à la vue des chalands. Mais la véritable star de cet étalage reste la truite de nos montagnes, nourrie par les eaux pures des sources d'altitude qui se jettent dans les gaves avant de rejoindre le gave de Pau. Ces eaux limpides, provenant de Gavarnie, Barèges et Cauterets, sont omniprésentes et confèrent à nos rivières une teinte verte, reflet de la verdure environnante.

Les pêcheurs lourdais, comme tous les Pyrénéens, profitent de chaque instant libre pour lancer leurs lignes le long des gaves et des rivières. Les conditions naturelles exceptionnelles de nos vallées offrent un cadre idéal pour la pêche à la truite, la reine de nos cours d'eau. Les gaves, ces cours qui serpentent à travers nos paysages, sont plus que de simples rivières ; ils sont une ligne de vie. Ces parcours sans difficulté technique sont accessibles de chaque rive. La pêche est une véritable promesse de moments délicieux, et l'on est assuré de repartir avec quelques truites savoureuses, prêtes à être dégustées en famille ou entre amis.

Passons au pain et à la pâtisserie. Lorsque l'on passe devant la porte latérale des halles, côté sud, on est attiré par l'odeur du bon pain qui invite à entrer. Il est difficile de résister à l'envie d'acheter une baguette. Le pain du boulanger des halles est bien plus que de la farine et du sel ; ce sont des effluves de chaleur et des arômes délicieux qui emplissent l'air. Le pain, c'est le goût du bonheur en bouche. Nous savons tous que le pain est l'aliment le plus fondamentalement satisfaisant. Traditionnellement, les paysans font un signe de croix sur le pain avant de le couper.

Notre boulanger est aussi pâtissier. Comme la plupart des pâtissiers, il met beaucoup d'application dans ses gâteaux. Il y a dans ses créations une recherche de couleurs, de décors qui sont presque hypnotiques. Il confectionne des gâteaux quotidiennement pour des commandes particulières, repas de mariages et autres fêtes, et pour la vente courante. Il prépare bien sûr des croissants, des brioches, mais vend aussi des glaces, et toutes sortes de confiseries. Bien entendu, on y trouve en évidence les gâteaux à la broche, typiques des Pyrénées, ainsi que la tourte locale.

Je vous avoue que j'ai un bon coup de fourchette et que je me régale des plats de notre région. Bien que la cuisine espagnole de la Mama (je suis d'origine espagnole), notamment le cocido dont j'ai de bons souvenirs, fût délicieuse, je suis depuis longtemps davantage attiré par les plats bigourdans. Les haricots tarbais avec la saucisse de chez nous, la ventrèche roulée avec deux œufs au plat dessus accompagnée d'un bon vin rouge de nos vignes françaises, et une bonne garbure le midi, l'hiver, sont mes plats préférés. Pour terminer le repas, un bon fromage de vache et de brebis mélangé de nos montagnes pyrénéennes, accompagné d'un bon café au grain grillé que je puisse humer, fait mes délices…

Victuailles, bric et broc

À présent, faisons un tour au marché découvert, équipé en partie d'une toiture protégeant de la pluie, mais pas du vent. La sympathie et la convivialité y règnent en maîtres, comme dans les halles voisines. On trouve ici toutes sortes de denrées venant directement de la ferme, et les acheteurs sont toujours aussi nombreux malgré l'augmentation des prix. Ce marché est le lieu privilégié de la vente. Même les gens modestes s'y précipitent, prêts à tous les sacrifices. Personnellement, j'y fais mon plein pour la semaine en légumes, œufs frais, volailles, sans oublier le fameux gâteau à la broche, que l'on s'arrache tous. Bien des Lourdais préfèrent, comme moi, faire ici leurs achats essentiels plutôt que dans les grandes surfaces. Nous y rencontrons des fermiers qui travaillent dans les environs et nous

Le marché extérieur

délectent de leurs bons produits. Il est conseillé d'y être le matin à la première heure pour avoir le choix.

À côté des victuailles, on trouve des articles de toutes sortes. En effet, l'été venu, le marché attire tous les marchands ambulants du département et même d'ailleurs, qui viennent vendre du bric-à-brac, des objets d'Afrique et autres curiosités. Ils sont présents durant deux mois pendant la saison estivale. Voyant leur marchandise, je me suis demandé comment ils pouvaient vendre et vivre du produit de leurs ventes… Alors je les ai observés. Je suis resté un bon moment à les regarder, et grande a été ma surprise de voir que leur commerce de produits que je considérais comme des pacotilles marchait très fort ! De fait, tout se vend au marché découvert. D'autre part, je le savais, mais j'ai pu en avoir la preuve à force d'observation : le soleil fait vendre. On dépense plus aisément quand il fait beau. Matelas, chaises, articles de jardin, bijoux plus qu'ordinaires : sous le soleil, tout part ! Pour tout cela non plus, on n'en donnerait pas un sou, pourtant on achète et on vend.

Mon métier, c'est la vente. En 1964, alors que j'avais vingt-neuf ans et déjà une décennie d'expérience dans le commerce automobile, j'ai décidé de m'offrir une parenthèse enrichissante durant mes congés annuels. Malgré mes acquis et ma formation en école de commerce, je ressentais le besoin de me perfectionner et surtout, d'explorer de nouveaux horizons. C'est ainsi que je me suis tourné vers une charmante dame, qui écumait les marchés de notre département, pour lui demander l'autorisation de l'accompagner quelques jours.

Après lui avoir exposé mes motivations, elle a accepté volontiers. Mon désir était de m'immerger dans l'univers des marchands ambulants, de toucher du doigt une réalité différente de celle que je connaissais. Je souhaitais enrichir mes aptitudes professionnelles : être plus attentif, autonome, compréhensif, conciliant, curieux, créatif et endurant.

Ce que j'ai découvert a dépassé mes attentes. J'ai compris que les marchés en plein air n'étaient pas de simples lieux de transaction ; ils sont des espaces vivants, vibrants d'émotions, où les lumières et les odeurs créent une atmosphère unique. Les clients y vivent une expérience sensorielle qui éveille en eux des sentiments d'affection et de gaieté. C'est dans cette ambiance singulière que réside le secret de la fidélisation de la clientèle.

Cette expérience m'a révélé des aspects de la vente que les écoles de commerce ne peuvent enseigner. Elle m'a permis de comprendre que la vente, lorsqu'elle est riche en émotions, devient un art subtil et captivant. Une aventure que je chéris encore aujourd'hui, car elle m'a appris à voir au-delà des transactions, à percevoir les subtilités humaines qui font toute la différence. Les marchés m'ont enseigné l'importance de créer une connexion authentique avec les clients, de les toucher non seulement par les produits, mais aussi par l'ambiance et l'expérience vécue. Cette leçon, je l'ai gardée précieusement, elle a toujours influencé ma manière d'aborder la vente, même des décennies plus tard.

La foire aux chevaux place du Tydos

Les foires aux bestiaux

Que de nostalgie… Nos foires dépriment un peu, quelle tristesse… Traditionnellement, trois grandes foires se tiennent à Lourdes, le 28 avril – c'est la foire de printemps - le 18 octobre – foire d'automne - et le 1er décembre, la foire d'hiver, qui scelle l'année des foires. Elles sont dédiées à la vente de vaches, veaux, bœufs, taureaux et surtout de chevaux. Autrefois, elles étaient des événements majeurs pour les éleveurs et les maquignons, mais le nombre de participants tend à diminuer et les contraintes administratives ne jouent pas en leur faveur.

Que de races bovines j'ai découvert sur ces foires ! J'adorais m'y rendre, elles étaient un moment festif très important dans l'année, rompant le ronron des jours…

Je cite : la vache Hereford, une race bovine d'origine britannique ; la vache Simmental, une race bovine suisse ; la vache Aberdeen-Angus, populairement nommée Black Angus, originaire d'Écosse, plus précisément des comtés d'Aberdeenshire et d'Angus, d'où elle tire son nom. Cette race bovine réputée est élevée dans de nombreux pays, y compris chez nous, où l'on aime sa viande, tendre et persillée ; la vache Charolaise, renommée elle aussi, spécifiquement sélectionnée pour la consommation de viande ; la vache Brune, originaire de Suisse, adoptée par nos Pyrénéens, également appelée la montagnarde ; enfin, notre vache Lourdaise, dont l'origine se trouve dans les vallées verdoyantes des Hautes-Pyrénées, plus précisément dans les cantons de Bagnères-de-Bigorre, d'Argelès et d'Ossun. Renommée pour sa douceur et sa remarquable capacité à s'adapter à la vie montagnarde, elle arbore une robe d'un froment clair et des cornes élégamment recourbées en forme de lyre. Cette race bovine, d'une élégance rare, constitue une réserve génétique d'une importance capitale, prisée pour sa docilité et sa faculté d'adaptation. Autrefois, la Lourdaise régnait en maître parmi les laitières du Sud-ouest, offrant un lait riche, parfait pour la confection du beurre, tout en étant une précieuse alliée pour les travaux des champs. Cependant, les années 1970 ont failli sonner le glas de cette race emblématique. Grâce à l'engagement de quelques passionnés, les derniers spécimens ont été rassemblés et des programmes de conservation ont vu le jour, sauvant ainsi la Lourdaise de l'oubli. Aujourd'hui, elle est principalement élevée dans des fermes conservatoires, où certains éleveurs explorent à nouveau ses potentialités laitières et fromagères, bien que les effectifs restent modestes. L'Association Nationale de la Race Bovine Lourdaise œuvre sans relâche pour promouvoir la race et assurer sa pérennité, afin que son héritage perdure et que sa beauté continue d'enchanter les pâturages des Hautes-Pyrénées.

Les marchés aux bestiaux se tenaient autrefois place du Champ Commun, là où se trouvent les Halles. Ils ont lieu désormais place du Tydos. Ce n'est plus le même engouement. Où sont les foires d'antan ?...

Parlons maintenant des chevaux. Je me suis intéressé à ces animaux dès l'âge de treize ans, lorsque j'accompagnais les touristes à cheval pour leur faire découvrir le Cirque de Gavarnie, moi-même à pied à leurs côtés. Je n'ai pas eu une enfance privilégiée ! Je me permets un petit pas de côté en vous parlant des chevaux, qui sont ma passion, puis nous retournerons à nos foires aux bestiaux... Je suis témoin que les chevaux sont d'une intelligence surprenante et dotés d'une mémoire remarquable. Ainsi, à Gavarnie, adolescent, j'ai travaillé pendant deux périodes de quatre mois avec une jeune jument de cinq ans, passant dix heures par jour à marcher à ses côtés sur les pentes de nos montagnes. Puis nous nous sommes quittés... Eh bien, plus de dix ans plus tard, la jument m'a reconnu et est venue se frotter à moi comme autrefois ! Nous étions très émus de nos retrouvailles tous les deux.

Dans l'immensité des plaines et des vallées, le cheval, compagnon millénaire de l'homme, se décline en une myriade de races. Pas moins de 397 sont répertoriées à travers le monde, témoignant de la richesse et de la diversité de cette espèce qui a su conquérir nos cœurs et nos terres. Il y a de cela 4 000 ans, l'homme a apprivoisé pour la première fois ces créatures, marquant le départ d'une alliance indéfectible. Le cheval a évolué au fil des âges : son ancêtre était un petit mammifère aux doigts multiples existant il y a quelque 45 à 50 millions d'années.

Parmi toutes les races qui foulent notre planète, certaines se distinguent par leur noblesse et leur caractère :

- Les chevaux arabes : Parmi les plus anciennes et les plus nobles lignées, ces chevaux, avec les Shagya et les Anglo-Arabes, incarnent la grâce et la résilience. Les Bédouins, gardiens de ces trésors équins, ont façonné divers sous-types, chacun portant l'empreinte du désert et du vent.

- Le Frison : Originaire de la province néerlandaise de Frise, ce cheval d'attelage et de selle se distingue par sa stature imposante. Sa robe noire et sa crinière abondante en font l'une des races les plus majestueuses.

- Le Mustang : Symbole de liberté, ce cheval sauvage parcourt les vastes étendues de l'Ouest américain, du Canada et du Mexique. Descendant de chevaux domestiques retournés à l'état sauvage, il incarne l'esprit indomptable des grands espaces.

- Le Pur-sang : Roi des hippodromes, ce cheval à sang

chaud est réputé pour sa rapidité et son endurance. Sa silhouette élancée et son tempérament fougueux en font un athlète inégalé sur les pistes de course.

- Le Percheron : Ce géant parmi les chevaux de trait est le fruit d'une sélection rigoureuse au XIXe siècle. Issu d'étalons arabes, il est reconnu pour sa force herculéenne et sa docilité.

- Le Cheval de Camargue : Petit mais robuste, ce cheval à la robe gris clair est l'une des races les plus anciennes au monde. Protégé et élevé dans les marais du sud de la France, il est le gardien des traditions camarguaises.

- Le cheval andalou : Aussi connu sous le nom de pur espagnol, ce cheval ibérique se distingue par son élégance et sa crinière ondulée. Sa robe grise et son port altier en font une monture de choix pour les épopées cinématographiques.

Ces races, parmi tant d'autres, tissent la trame d'une histoire riche et complexe, où chaque cheval, par sa présence et sa grâce, nous rappelle la beauté et la diversité du monde équin.

Notre foire aux chevaux à Lourdes s'éteint peu à peu d'année en année. Jadis, elle réunissait les éleveurs et maquignons des alentours, ainsi que ceux des trois vallées : le Val d'Azun, la Vallée d'Argelès et la Vallée de Barèges, jusqu'à Gavarnie.

Nos foires attiraient aussi les Espagnols frontaliers, venus de Bujaruelo, d'Ordesa et de Torla, qui cheminaient à pied, accompagnés de leurs fidèles chevaux, bovins et autres bêtes. Leur périple les menait à travers les sentiers escarpés des Pyrénées, et ce n'est qu'en atteignant la brèche de Roland qu'un soupir de soulagement s'échappait de leurs lèvres. De là, ils descendaient le Port du Boucharo, avant de poursuivre leur route vers Gavarnie ; encore cinquante kilomètres les séparaient de leur destination finale : la foire de Lourdes. Ce voyage, bien que pénible, était empreint d'une joie singulière, car il mariait le labeur à la liesse des retrouvailles. Pendant des siècles, cette tradition perdura, rassemblant chaque année les mêmes visages sur les mêmes sentiers. Ils allaient aussi à la foire du Marcado, qui se tenait sur le plateau éponyme, niché entre le village de Gavarnie et son majestueux cirque. Là, ils retrouvaient leurs homologues français, Bigourdans, Béarnais, et même ceux des départements voisins, tous unis dans une communion festive et marchande. La foire du Marcado, plus qu'un simple marché, était un rendez-vous annuel où les échanges commerciaux se teintaient de convivialité et de partage.

II

FORT, SANCTUAIRE ET SITES RELIGIEUX

La Tour du Garnavie

La Tour du Garnavie

Cette sentinelle de pierre, vestige d'une ceinture fortifiée plus vaste, veillait autrefois sur Lourdes, protégeant la cité médiévale de ses ennemis. Son nom n'est qu'une altération de celui de Gavarnie.

À l'origine, une douzaine de tours et de portes fortifiées ponctuaient les remparts cernant la ville, qui, située à un carrefour stratégique entre la France et l'Espagne, fut longtemps une place forte convoitée. Construits sous l'impulsion des comtes de Bigorre au XIVe siècle, ces remparts formaient une enceinte défensive robuste, bâtie en pierre locale. Ils s'intégraient harmonieusement dans le paysage montagneux environnant, qui offrait une protection naturelle supplémentaire. Théâtre de nombreux événements, ils ont résisté à des sièges et des batailles, abritant derrière leurs murs une population déterminée à défendre son territoire. Ils ont joué un rôle crucial lors des Guerres de Religion, protégeant la ville des attaques des huguenots.

La Tour du Garnavie est l'ultime survivante des remparts. Connue sous le nom de Tour de Guigne, puis rebaptisée Tour des Anglais après la guerre de Cent Ans, elle porte en elle les échos du passé. Du haut de ses 17 mètres, elle offre une vue imprenable sur la ville, invitant le regard à se perdre dans les méandres de l'histoire. Classée monument historique en 1949, son architecture est caractéristique des nombreuses tours à signaux qui parsèment la région pyrénéenne, érigées pour surveiller et protéger les terres environnantes.

Le château fort

Indissociable des remparts, construit avant eux, le château fort fut érigé par les Comtes de Bigorre au XIe siècle, à l'emplacement d'un ancien site romain devenu bastion sous Charlemagne. Batailles et légendes ont façonné son histoire. En 778, Charlemagne, de retour d'une campagne en Espagne, assiégea le château de Lourdes, appelé Mirambel, alors qu'il était occupé par le chef maure Mirat. Malgré la famine, le scorbut et la peste qui ravageaient ses troupes, Mirat tint bon face à l'empereur, ayant juré de ne jamais se rendre à un mortel.

Selon la légende, alors que le siège s'éternisait et que la famine redoublait, un aigle laissa tomber un poisson près de Mirat. Ce dernier, rusé, envoya le poisson à Charlemagne pour lui faire croire qu'il possédait des réserves abondantes de nourriture, ce qui amena Charlemagne à douter de l'efficacité de son siège.

C'est alors que Turpin, l'évêque du Puy-en-Velay, intervint. Il proposa à Mirat de se rendre non pas à Charlemagne, mais à la Vierge Marie, la « Reine des cieux ». Mirat accepta. Touché par la grâce, il se convertit au christianisme et prit le nom de Lorus, qui signifie « rose » en arabe. Ce nom s'étendit à la ville, qui devint Lourdes. Cette histoire est commémorée sur le blason de la ville de Lourdes, qui arbore un aigle et un poisson.

Mais attention, il existe une autre version… En effet, ma belle-mère, issue d'une famille lourdaise depuis plusieurs siècles, m'a raconté que, si l'aigle avait bien perdu son poisson, il l'avait laissé tomber à l'extérieur du château, à quelques mètres de l'enceinte, côté ouest, plus précisément dans le jardin même de ma belle-famille ! Celle-ci, naturellement, a toujours préféré ignorer la légende consacrée. J'ai interrogé d'autres Lourdais à ce sujet, dont deux sœurs très âgées, qui partagent son point de vue. Fin de l'histoire !

Au fil des siècles, notre château fort connut bien des tourments et des transformations. Résidence des Comtes de Bigorre au XIe et XIIe siècles, il passa aux mains des Comtes de Champagne puis du roi de Navarre. En 1360, il fut cédé aux Anglais par le Traité de Brétigny et au début du XVe siècle, il revint à la couronne de France après deux sièges. Entièrement refait sous l'égide des Foix-Béarn, il fut marqué par les

Le château fort et le jardin où serait tombé le poisson...

Guerres de Religion. Durant cette période, il fut assiégé à plusieurs reprises et changea de mains entre catholiques et protestants. Les conflits laissèrent des traces significatives sur la structure du château, qui fut partiellement détruit puis reconstruit. Les habitants de Lourdes, majoritairement catholiques, se défendirent contre les attaques protestantes, et la ville fut dévastée entre 1569 et 1573. En 1576, le château passa entre les mains du roi de Navarre, futur Henri IV, puis devint un domaine royal en 1590 après qu'Henri de Navarre devint roi de France. Henri IV engagea d'importants travaux de modernisation. Savez-vous que notre bon roi Henri parlait enfant le dialecte béarnais et apprit l'anglais avant le français ? Toutes les sources sont formelles : il a conservé toute sa vie un accent gascon à couper au couteau qui faisait fuir les élégantes de la cour ! Au XVIIe siècle, le château servit de prison royale surnommée « la Bastille des Pyrénées », et fut amélioré par Vauban. La Ville de Lourdes l'acquit en 1894. De ses hauteurs, on a une vue panoramique sur la ville et les Pyrénées. Le musée qu'il abrite depuis 1921, le Musée Pyrénéen de Lourdes, renferme des collections passionnantes relatives à notre région : estampes, peintures, faïences, mobilier religieux baroque, et des milliers d'objets retraçant la vie quotidienne dans nos vallées : mobilier régional, outils agricoles et les incontournables ustensiles pour la fabrication de nos délicieux fromages !

Le sanctuaire

En redescendant vers le centre-ville, nos pas nous portent vers le sanctuaire de Lourdes, une ville dans la ville, un lieu où le sacré et le naturel s'entrelacent, réunissant la grotte de Massabielle, la source, les basiliques (Basilique de l'Immaculée Conception, Basilique Notre-Dame du Rosaire, Basilique Saint-Pie X, immense église souterraine pouvant accueillir des milliers de fidèles), les piscines, le Chemin de Croix… Les eaux cristallines de la grotte, cœur du sanctuaire où la Vierge Marie apparut à Bernadette Soubirous en 1858, murmurent des secrets anciens et des promesses de guérison. Les pèlerins, venus du monde entier, avancent avec ferveur, et leurs prières s'élèvent vers le ciel.

Les flammes des cierges vacillent, symboles de foi et d'espérance, tandis que les processions nocturnes il-

La grotte de Lourdes

luminent les visages de ceux qui cherchent réconfort et miracles. Le sanctuaire est un havre de paix où les âmes blessées trouvent refuge, où les cœurs brisés se réparent. Les chants liturgiques résonnent, portés par le vent, et se mêlent au bruissement des feuilles, dans une douce symphonie céleste.

Les statues de la Vierge veillent sur les fidèles, rappelant la présence constante de l'amour divin. Les malades et les infirmes, portés par une foi inébranlable, se baignent dans les eaux miraculeuses, espérant un soulagement, une guérison, un signe. Lourdes est un lieu de rencontre entre l'humain et le divin, où chaque pèlerin trouve une part de lui-même, une réponse à ses questions, une lumière dans l'obscurité.

Le sanctuaire est un témoignage vivant de la foi, un phare dans la nuit, un appel à l'espérance. Les miracles, qu'ils soient physiques ou spirituels, y sont palpables, et chaque visiteur repart avec un peu plus de lumière dans le cœur, un peu plus de force dans l'âme. Lourdes, c'est l'écho de la voix de Marie, un appel à la foi, à l'amour et à la charité…

La religion a marqué mon enfance. Les sœurs auxiliatrices, présentes à Lourdes, proposant des activités spirituelles et communautaires pour les jeunes gens, organisaient des prières suivies de moments conviviaux. Nous jouions dans leur grand espace, et ces souvenirs me donnent encore des frissons. Elles nous préparaient à la communion solennelle, et après la cérémonie, Monsieur le curé nous emmenait visiter les grottes de Bétharram. Bernadette Soubirous avait un lien particulier avec ce lieu, qu'elle fréquentait avant même les apparitions mariales ; elle y trouvait un soutien spirituel auprès de Michel Garicoits, le supérieur du couvent de Bétharram. Ce dernier, fondateur de la Congrégation des Pères de Bétharram, accueillait ses confidences et lui offrait un espace de prière et de recueillement. Il est le premier à l'avoir crue, sans une once de doute, quand elle lui confia avoir vu la Vierge. Le chapelet que Bernadette utilisait lors de ses prières à la grotte de Massabielle provenait du sanctuaire de Bétharram, un lieu de pèlerinage et de dévotion pour elle.

Restons un instant plongés dans l'atmosphère religieuse. En 1958, année du centenaire des apparitions de Lourdes, j'avais alors vingt-trois ans et je reçus la visite d'un cousin venu d'Espagne, découvrant la France et Lourdes pour la première fois. Je lui ai proposé de participer à la procession du pèlerinage de la grotte de Lourdes, mais notre discussion tourna court. Mon cousin, athée convaincu, était profondément attristé de me voir, selon lui, si naïf et crédule face à ces « bêtises ». Il m'aimait beaucoup et voulait me « sauver » de mes « dérapages » de croyant, me ramener à ce qu'il considérait comme la raison.

Pourtant, pour me faire plaisir, il a accepté de m'accompagner à la procession. Nous ne nous sommes pas mêlés à la foule des dizaines de milliers de pèlerins, préférant nous installer en hauteur, près du château fort. Devant nous, une marée humaine de quarante à cinquante mille pèlerins, peut-être plus, s'est mise à entonner des chants religieux d'une beauté saisissante. Quel moment ! Quel souvenir ! Mon cousin, submergé par l'émotion, m'a saisi le bras avec une force telle qu'il m'a fait mal et, les larmes aux yeux, il m'a demandé pardon… Ce moment reste gravé en moi, et encore aujourd'hui, le simple fait d'en parler me bouleverse. Ce fut un instant d'une intensité rare, où la foi et l'émotion mêlées touchaient même les cœurs les plus endurcis…

Les fonts baptismaux transférés de l'église Saint-Pierre à l'église du Sacré-Cœur, nouvelle église paroissiale de Lourdes

L'ancienne église Saint-Pierre

Située jadis place Peyramale, à l'emplacement actuel du monument aux morts, l'église Saint-Pierre, ancienne église paroissiale de Lourdes, fut démolie en 1905. Elle avait été endommagée par un incendie et secouée par de nombreux tremblements de terre. Mon épouse m'a raconté que son arrière-grand-mère y avait été baptisée en 1866, dans les mêmes fonts baptismaux que Bernadette Soubirous, baptisée en 1844. J'ai moi-même été baptisé dans ces fonts baptismaux, qui ont été transférés dans la nouvelle église paroissiale du Sacré-Cœur, construite entre 1875 et 1903. Tous les Lourdais sont baptisés dans les mêmes fonts baptismaux que Bernadette Soubirous, mais certains l'ignorent !

Le cachot des Soubirous

Deux autres lieux liés à Bernadette Soubirous

Deux mots sur le cachot bien connu de Bernadette Soubirous, le long de la rue des Petits-Fossés, près du sanctuaire. Il s'agit d'un tout petit espace de 16 m² où les Soubirous ont vécu de 1856 à 1858, avec leurs quatre enfants. J'ai visité le cachot en 1952 ; il était alors dans son état d'origine. Rénové entre 1995 et 1996, il est visité par aujourd'hui par les pèlerins et les touristes, qui repartent avec des impressions inoubliables, bien qu'ils ne puissent qu'imaginer le véritable vécu des Soubirous.

Il y a encore la Maison Boly, maison natale de Bernadette Soubirous, née dans une famille de meuniers. La maison est située rue du Moulin, aujourd'hui rue Bernadette Soubirous. Modeste, cette maison permet de s'immerger dans la vie familiale. Il faut se rendre sur place pour un moment de recueillement et s'imprégner de l'enfance et du parcours de Bernadette Soubirous, en prenant conscience des difficultés de l'époque.

III

SOUVENIRS INTIMES : MON QUARTIER

L'*Ophite, etc.*

Je garde une profonde nostalgie des fêtes de quartier d'autrefois dans ma chère ville de Lourdes, notamment celles de mon quartier natal, l'Ophite, ce quartier si populaire, si modeste, qui a accueilli parmi ses premiers habitants des réfugiés républicains espagnols, chassés de leur pays par la dictature de Franco, qui bientôt furent rejoints par des immigrés portugais et italiens. Dans notre quartier, pendant nos fêtes, l'ambiance était chaleureuse, pleine de l'atmosphère soufflant de nos pays latins, Espagne, Portugal, Italie... Chants et danses de ces contrées se mêlaient dans une joyeuse cacophonie, chaque communauté apportant ses traditions. Nous baragouinions les paroles des chansons de nos amis. Nous dansions enlacés, et rien que d'en parler, j'en ai encore des frissons. Nous, les jeunes, prolongions ces moments magiques tard dans la soirée, bercés par les mélodies de l'accordéon d'Omer Lafond. Nos copines à nos bras, nous tournoyions sous le regard attentif de nos mères et grands-mères, assises autour de la piste de danse, veillant sur leurs filles. Pourtant, elles n'avaient rien à craindre, car nous les considérions comme nos sœurs. À l'abri des regards adultes, nous nous permettions parfois un tendre baiser amical, même si cela restait un tantinet interdit, ajoutant ainsi une pointe d'audace à ces instants précieux !

Le buffet était folklorique, avec de longues tables garnies de mets apportés par chacun. Quel regret de ne pas avoir de photos de ces instants ! Les boissons coulaient à flots, et c'est là que nous, les garçons, avons connu notre première petite cuite, à seulement seize ans ! La fête se prolongeait jusqu'à deux heures du matin, et parfois jusqu'à l'aube pour les plus grands, sous les étoiles des belles nuits d'été. Dans nos fêtes du quartier, je n'ai jamais aperçu personne de la ville de Lourdes, pourtant, nous ne leur interdisions pas l'entrée ; mais pourquoi s'en plaindre après tout ? Nous festoyions entre nous et c'était un pur bonheur !

Le quartier de Soum de Lannes, avec ses maisons des années 1950, avait aussi ses fêtes mémorables. Nous, les jeunes de l'Ophite, y étions toujours les bienvenus. Je me souviens des valses endiablées, même si peu de garçons osaient inviter les filles, qui dansaient souvent entre elles.

La cité Rothschild, quant à elle, était le théâtre de

jeux d'après-guerre. Les hommes, assis en rang, offraient leurs visages aux boules de chiffons mouillées lancées par les clients pour 50 centimes. D'autres jeux, comme les punaises retournées, animaient ces soirées festives.

Après la guerre, nous, les enfants, courions voir si un magasin avait été dynamité, soi-disant par d'anciens collaborateurs.

Que reste-t-il de ce passé… Si peu de choses. Mon ancien quartier, l'Ophite a complètement changé. Les modestes maisons de notre enfance ont été remplacées par des constructions modernes, sans âme. Il m'arrive d'y retourner, cherchant un parfum, une trace du passé… J'y trouve bien peu de choses, si ce n'est la nostalgie qui chaque fois s'empare de moi… Les habitants actuels, venus des quatre coins du monde, semblent indifférents. Je croise leur regard parfois, espérant un sourire, un signe de tête… En vain. Même nos aînés usés dans les maisons de retraite me semblent plus avenants.

Et que dire de notre ancienne poste, un bâtiment magnifique, aujourd'hui remplacé par une construction banale ? Le portail en fer forgé de l'hôpital, œuvre de maîtres, a également disparu, à mon grand regret.

Reprenons-nous, regardons ce qui va bien : à dix-sept ans, je me suis engagé en politique aux Jeunesses radicales, où j'ai rencontré François Abadie, qui devint un ami cher et fut maire de Lourdes, député et sénateur. Sous son mandat, la salle des fêtes Robert-Hossein et le palais des sports furent inaugurés, enrichissant notre ville. Cela m'a donné du baume au cœur !

J'ai écrit le poème qui suit à l'intention des Espagnols, des Portugais et des Italiens de mon quartier.

Dans ce milieu d'hommes d'honneur
Qui ont connu des moments d'horreur
Offrent leur temps
Jusqu'à la tombée de la nuit
S'étire le temps
À l'heure où j'écris
Jamais rien ne rayonne
Si je n'active mes neurones
Je veux parler de nos parents
Pour remonter dans le temps
Des souvenirs amputés
Des images tronquées
Dans le cocon de leur passé
Émigrés et réfugiés
Sont arrivés avec leurs mallettes
Sans laisser paraître leur misère
Sont venus de leur pays meurtris
Ont laissé derrière eux leur patrie
Dans l'espoir d'une nouvelle vie
Il faut en parler et en finir
Sont arrivés au quartier des carrières
Pour extraire des tonnes de pierres

Ce sont des cailloux aux reflets bleus
Qui scintillent le jour au ciel bleu
Nos mères les accueillent en fin de journée
Vraiment terrassés
C'était l'époque de la guerre
Nous vivions là en grégaires
J'avais dix ans
Ça a marqué ma vie
Aujourd'hui je parle
En finir
Je ne veux plus me taire
Je ne cherche pas à plaire
Nous pensons souvent au quartier
Et à tout ce qu'on y a partagé

Ci-après, deux poèmes en espagnol, de mon cru, avec leur traduction en français. Ils portent sur mon quartier et mes parents. Ma traduction est juste, mais l'espagnol est une langue très imagée et les mots pleins de couleurs et d'éclat sont difficiles à faire passer en français.

El barrio de las cantera
Y una fechada para mis preciosa
Que todos el que la visita
Dicens que no es maravillosa
Y anque me fie muy lejos
Y nunca la he olbidado
Tiene que tener su bella historia
Pero se sabe muy poco de estos
Emos vivido à oscuros
Pero a ora las noche tan hermosas
Para poder disfrutar
Lo demas todo son cuento
Historia de muchos anos
Las penas que emos pasados
Por la injusticia quemos tenidos
Pero ya quedo en la historia
Porque eso ya se acabo
Yo le doy gracias à Dios
Por haver mucho conocido con salu
Por todo el que lo ya vebido de bueno
Me despido gracia à Dios de my jubentu

Le quartier des carrières
Avec sa façade pour moi précieuse
Tous ceux qui le visitent
Se disent que ce n'est pas une merveille
Même si je suis parti très loin
Je ne l'ai jamais oublié
Il doit avoir une belle histoire
On en sait très peu de choses
Nous avons vécu dans l'obscurité
Mais à présent les nuits sont belles
Pour pouvoir en profiter
Tout le reste est baliverne
Des histoires de tant d'années
Les peines que l'on a subies
L'injustice que l'on a connue
Mais cela reste de l'histoire
Maintenant, c'en est terminé
Je dis merci à Dieu
Pour avoir beaucoup vécu en santé
Pour tout ce que j'ai eu à vivre de bon
Merci à Dieu de cette jeunesse

Recuerdo a mis padres

Hoy recuerdo yo mis padres
con mucha melancoliia
porque nunca difrutaron
ce lo qu'exite hoy dia.
Hoy estan las casas llenas
de todo cuando nos gusta.
Y las despensa repletas
de queso, choriso y frutas
Tenemos mas que podemos
nos escaseamos de nada
Y en el verano un buen coche
para irnos a la playa
Ellos tenian un burritu
para ir a trabajar
cuando les caia trabajo
pas ganar siquira el pan.
Porque a beces ni de eso
se podian ellos llenar
habia que hacer un gaspacho
porque no habia para mas.
Era un tiepo emos apurarsé
hoy la bida es bonita
que todos tenemos derecho
de vivir en armonia.
Gozar de liberta
Y de paz en esta vida
que solo Dios tiene derecho

de darla o de quitarla.
Porque estamos in sus manos
el que se cra lo contrario
esta muy equivocado
por eso van mal las cosas.
En paz y en gracia de Dios
Que es lo que buscamos todos
Para poder disfrutar
De vivir unos con otros.

Je pense à mes parents

Aujourd'hui je pense à mes parents
avec beaucoup de nostalgie
car ils n'ont jamais profité
de tout ce qui existe aujourd'hui.
Aujourd'hui les maisons sont remplies
de tout ce qui nous plaît.
Le garde à manger est plein
de fromage, chorizo et fruits
Nous en avons plus qu'il n'en faut
nous n'économisons pas
L'été une bonne voiture
pour aller à la plage
Eux ils avaient un bourricot
pour aller travailler
si toutefois on les recrutait pour gagner
ne serait-ce qu'un peu de pain.

Souvent même cela ils ne
pouvaient y prétendre, donc
il fallait faire un gaspacho
Il n'y en avait pas pour tous.
C'était un temps affligé
aujourd'hui la vie est belle
nous avons tous le droit
de vivre en harmonie.
Jouir de liberté
Et de paix dans cette vie
seul Dieu a le droit
de donner ou de reprendre.
Car nous sommes entre ses mains
celui qui croit le contraire
s'est énormément trompé
à cause de cela les choses vont mal.
En paix et avec la grâce de Dieu
C'est ce que nous tous cherchons
Pour pouvoir profiter
De vivre les uns avec les autres.

Page suivante, souvenir d'un pont disparu...

Notre vieux pont de l'Arrouza

Lourdaises, Lourdais,
Dix ans bientôt et toujours dans nos esprits
Regrets et souvenirs
Notre vieux pont de l'Arrouza
Construit de métal et de bois
Saisi un triste juin par des eaux en furie
Aujourd'hui n'est plus là
Ce vieux pont qui nous vit naître
Nous l'empruntions avec joie
Veillant à ne pas nous blesser
A ses traverses clairsemées
De sa hauteur nous nous lancions
Dans l'eau qui toujours tournoie
Puis nagions d'une brasse
Maladroite et sans grâce
Pourtant fiers de nos prouesses
Son absence laisse un paysage égueulé
La nostalgie me tient malgré le temps qui passe
Sa tendre silhouette s'accroche à mon esprit
Reste le plaisir d'observer l'eau
Qui toujours coule de nos trois vallées
A trois cents mètres a surgi un pont de pierre
Nous lui portons un regard austère
Et l'empruntons sans dévotion
Mais quand nous entamons la côte de l'Arrouza
Tout près de notre cher absent
Que d'émotions nous prennent !

Que ceux qui n'ont pas grandi auprès de lui
Comprennent notre émoi
Le vieux pont fut pour nous,
Enfants de la guerre et d'après,
Le lieu de paisibles moments,
Un lieu bienveillant
Et terriblement attachant

IV
LÉGENDES ET PETITES HISTOIRES LOCALES

Gavarnie

En 1948-1949, durant les vacances scolaires, j'ai séjourné à l'hôtel du Cirque à Gavarnie. L'établissement était tenu par Monsieur Pierre Vergez, mon patron, qui me racontait chaque soir des événements d'antan. Il m'appréciait énormément et n'avait pas d'enfants ; il voulait d'ailleurs m'adopter. Moi, quitter la Maman ? Pensez-donc ! Il me disait qu'il y avait eu une époque dans la vallée où un homme s'était arrogé tous les droits. Nommé « premier Consul », il pouvait décider des droits de justice civile et même criminelle, il avait la mainmise sur les impôts… Il possédait même des montagnes qu'il avait le droit de louer ! Henry Russell, alpiniste britannique et amoureux de nos montagnes, obtint ainsi la concession du massif situé sous le sommet de la Pique Longue en 1889 pour une durée de quatre-vingt-dix-neuf ans. Il put ainsi gérer à sa guise et protéger cette zone montagneuse, qu'il voulait à tout prix préserver.

Monsieur Vergez m'avait également dit qu'il y avait eu des tensions entre les habitants de la vallée du Lavedan et ceux de la vallée du Tourmalet et de Campan, et que Barèges était mieux vue par les Espagnols que les autres contrées. Il m'a raconté qu'à une époque, les habitants de la plaine craignaient les montagnards : à ces mots, j'ai senti chez lui une étincelle indéfinissable. C'était un vrai montagnard !

Il m'avait aussi dit que les habitants de Gavarnie s'entendaient bien avec les Espagnols, mais les pâturages de la mancomunidad étaient sources de frictions, et même, parfois, d'affrontements.

Entre 1770 et 1800 environ, une tragédie frappa la région : il y eut à deux ou trois reprises des avalanches qui emportèrent un grand nombre de jeunes de Gavarnie, ainsi que de nombreux mulets.

Les Cagots

En 1948, alors que j'avais treize ans, mon patron m'a emmené à Luz-Saint-Sauveur et à Gèdre, où il était propriétaire d'un hôtel, l'hôtel de la Grotte, où il allait l'hiver. C'est alors qu'il m'a présenté à des hommes et des femmes de très petite taille, mesurant entre 1,20 mètre et 1,40 mètre maximum. On les appelait les « rustres Cagots ». Aujourd'hui, soixante-seize ans plus tard, je garde un souvenir impérissable de cette rencontre.

Pendant très longtemps, à partir du XII ou XIIIe siècle, ces personnes ont été mises à l'écart de la société dans tout le Sud-Ouest. Rejetées, marginalisées, elles vivaient en périphérie des villages et possédaient leurs propres hameaux. La raison de leur exclusion reste inconnue, bien que plusieurs théories existent. Les Cagots, perçus comme différents, inspiraient la

Des Cagots miséreux

crainte, sans que l'on sache exactement pourquoi. Diverses théories les associaient à des descendants de lépreux, de Goths, d'Arabes, de Juifs, sans qu'on arrive vraiment à comprendre leur origine. Cette incertitude renforçait la méfiance et la peur à leur égard. L'étymologie du mot « Cagot » pourrait provenir de la contraction de « Gasgothes », qui signifie « chien de Goths » en béarnais, une appellation insultante, associant les Cagots à l'arianisme, une hérésie qui scandalisait les chrétiens de l'époque. Le bruit courait que leurs oreilles étaient coupées en forme d'oreilles de mouton, et les gens bêlaient à leur passage... Pauvres Cagots, jugés maléfiques, hérétiques... Ils n'étaient pas autorisés à participer aux fêtes villageoises ni à fréquenter les cafés ou les bars. Leur seul métier autorisé était tout ce qui touchait au bois : charpentiers, menuisiers, tonneliers, fabricants de cercueils. Ce sont eux qui ont réalisé la charpente du château médiéval de Montaner en 1379, près du vignoble de Madiran.

Dans certaines églises de montagne, ils avaient une petite entrée latérale et un bénitier qui leur étaient réservés. À Lourdes, ils avaient leur propre chapelle, située au bord du gave, le long du quai Saint-Jean. Connue sous le nom de chapelle Saint-Jean-Baptiste, désignée vers 1604 comme la « capelle de St-Jean-du-Gaou », elle leur servait de lieu de culte et de célébration. Ils s'y mariaient et étaient enterrés autour de celle-ci. Rasée à la fin du XIXe siècle, la chapelle a dès lors été utilisée comme grange par le propriétaire des Bains de

Senjouan établis à côté. Le bénitier des Cagots, datant du XVIIe siècle, a été conservé ; depuis 2015, il se trouve à la halte jacquaire dénommée La Croisée des chemins.

À partir du XVIIe siècle, sous le règne de Louis XIV, les Cagots ont pu obtenir leur indépendance en payant une sorte d'impôt auprès de l'intendant du Béarn. Cela en a conduit de nombreux à émigrer à l'étranger pour échapper à la marginalité.

Moi qui suis fils d'immigré et ai connu le rejet notamment à l'école, je reste profondément touché par leur sort.

Le lac de Lourdes et sa légende

Au cœur des Pyrénées, se niche un lac naturel d'origine glaciaire, dont les eaux, étonnamment chaudes tout au long de l'année, invitent à la contemplation. Sa genèse remonte à une époque lointaine, entre 15 000 et 30 000 ans, lorsque les glaciers, majestueux et puissants, dévalaient les pentes, laissant derrière eux des dépôts de pierres et de terre qui façonnèrent un paysage vallonné autour de Lourdes. À l'extrémité de ce lac, une tourbière s'épanouit, agissant comme un filtre naturel, garantissant l'équilibre délicat de cet écosystème.

Le plan d'eau, s'étendant sur 46 ares, offre aux promeneurs et aux cyclistes un parcours enchanteur de six kilomètres, permettant d'en faire le tour à loisir. À trois kilomètres à l'ouest de la ville, ce lac se trouve au cœur d'une géologie marquée par l'empreinte glaciaire. Une basse terrasse inondable, d'origine fluviale, abrite le lac et sa terrasse environnante. Les habitats de la tourbière, organisés en ceinture concentrique à l'ouest, révèlent un pôle oligotrophe et acide au sud, tandis qu'au nord, un pôle eutrophe à tendance alcaline s'épanouit. Parmi ces merveilles, se dresse une tourbière haute de six mètres, surplombant le lac.

Le lac de Lourdes est enveloppé de légendes fascinantes. Pendant des siècles, il fut considéré comme maudit ; quiconque s'y noyait voyait son âme piégée au fond des eaux. Une autre histoire raconte que la ville, jadis prospère, se tenait à l'emplacement actuel du lac. Dieu, sous les traits d'un mendiant, frappa à chaque porte, mais seules deux femmes, dans leur misère, lui offrirent l'hospitalité. Il leur ordonna de le suivre sans se retourner, car la ville allait être engloutie. Malheureusement, la plus jeune, par curiosité, se retourna et fut pétrifiée, devenant la célèbre « Pierre Crabère » ou « Peyre Crabère » en patois.

Cette pierre, empreinte de mystère, était autrefois le lieu de rites pour les femmes en quête de maternité, qui venaient la toucher, persuadées de ses pouvoirs de fécondité. Bien que cette pratique ait disparu dans les années 1960, de nombreuses femmes continuaient de se tourner vers Sainte Colette, espérant éviter les fausses couches et protéger leurs enfants prématurés.

En Bigorre et en Lavedan, les longues soirées d'hiver étaient l'occasion de se rassembler autour du feu, partageant de telles légendes tout en savourant des châ-

La Pierre Crabère

taignes et un bon verre de vin rouge, affectueusement
appelé « vin noir ». Les récits évoquaient des figures
emblématiques telles que Charlemagne, son neveu Roland, la brèche de Roland, ainsi que les frères Aymon,
tissant ainsi un riche patrimoine narratif.

V

HOMMAGE À DAME NATURE ET À NOS PYRÉNÉES

L'arbre vénérable de la rue de Langelle

Cet arbre remarquable, un platane, trône devant l'ancienne école des garçons Honoré Auzon, rue de Langelle. Majestueux, il est un témoin silencieux du temps qui passe... Le secret de sa croissance réside sans doute dans le ruisseau Lapacca, qui coule à une centaine de mètres et abreuve ses racines de plus de mille litres d'eau chaque jour. Quel géant végétal, quel symbole de résilience et de beauté !

Je les aime, nos platanes... Je vous offre, ci-après, un poème en leur honneur...

Les platanes

Du vieux marché, les vieux platanes
Sont l'objet de soins attentifs
Le spectacle est très attractif
Chacun admire ou bien cancane !
D'un colosse couché, véreux et géant
Je crus saisir des sons évoquant des paroles ;
Je m'approchai alors, bravant les banderoles.
J'entendis une plainte émanant d'un néant.
« Dans les temps reculés, bien loin du présent,
Une corde tressée me servait de ceinture ;
À l'autre bout, crochés, se trouvaient par aventure
Âne, vache, cheval, et même mouton bêlant.
Mais alors à nos pieds, nous trouvions nourriture,
Que nos fortes racines remontaient vaillamment ;
Nous étions vigoureux, notre belle ramure
Abritant des oiseaux, prodigues de leurs chants.
Petit à petit, de tristes boîtes à roulettes
Remplacèrent nos amis, si vivants,
Et nos pieds englués dans d'infâmes collants
Cessèrent de fournir des pincées de poudrette.
La perpétuelle faim nous plongea en coma,
Rien ne pouvait sortir de l'infâme magma.
Notre cœur se creusa d'immondes nourritures,
Sapant notre prestance, effondrant nos structures.
Des coiffeurs s'occupaient quand revenait l'automne,
Les rameaux superflus nous étaient supprimés.
Au printemps suivant, jamais renouvelés,

L'épuisement gagnant, nous devenions atones.
Les oiseaux avaient fui, surtout les étourneaux,
Ils ne pouvaient nicher, nous n'étions que cierges.
Les voitures sous nous perdaient leurs blancs burlesques,
Ces taches ocellées, peintes par nos oiseaux. »

L'entrée de la grotte des Sarrasins

Les grottes

J'ai évoqué dans un chapitre précédent les grottes de Massabielle et de Bétharram liées à Bernadette Soubirous. Reprenons le sujet des grottes…

Notre ville, ainsi que l'ensemble des Pyrénées, regorge de grottes, fruits de la nature calcaire de la pierre qui les compose. Parmi ces cavités, les grottes des Sarrasins, nichées en centre-ville. Parmi les lieux enchanteurs qui ont nourri l'imaginaire des enfants de Lourdes, cette grotte occupe une place de choix. Les jeunes esprits s'émerveillaient à l'idée d'un tunnel secret reliant cette cavité mystérieuse à l'imposant château fort. Les Sarrasins, selon les légendes, auraient emprunté ce passage souterrain pour s'emparer de la forteresse. Mais une question demeure : pourquoi Charlemagne, au lieu de mener un siège traditionnel, n'a-t-il pas exploité ce souterrain ?... Bien plus tard, en 1939, le comité municipal de défense passive entreprit des démarches pour transformer ces grottes en abris souterrains en cas d'attaques aériennes.

Peu de personnes étaient au courant de l'existence de ce tunnel jusqu'en février 1926. À cette époque, des ouvriers des carrières locales, en quête de pierres dans le massif de la rue des Pyrénées, mirent au jour ces cavités. Situées en plein cœur de la ville et s'étendant sur 800 mètres de profondeur, ces grottes se distinguaient par une magnifique entrée en pierres apparentes, attirant rapidement les curieux. J'ai eu la chance de les explorer en 1947. Je me souviens qu'elles étaient plutôt étroites ; à un moment donné, le passage se situait bien en dessous de l'hôtel de la Grotte, contournant le magasin de photos de Monsieur Viron. Malheureusement, les visites ont été suspendues, probablement en raison de risques.

Sous notre château fort, plusieurs souterrains et grottes, plus ou moins effondrés à cause des tremblements de terre fréquents, s'étendent comme un véritable gruyère. Ces galeries pourraient offrir un accès à diverses tours qui entouraient le château, telles que la Tour du Garnavie que j'ai évoquée plus haut.

J'ai parlé par ailleurs des grottes de Bétharram. Situées à l'extérieur de la ville, découvertes en 1819, elles furent parmi les premières grottes ouvertes au public. Les visiteurs peuvent explorer ces cavités sur plusieurs niveaux, chacun révélant des merveilles géologiques sculptées par l'eau au fil des siècles. La visite commence par une promenade à pied à travers des salles volumineuses ornées de concrétions impressionnantes. En descendant un gouffre de 80 mètres, on atteint le lit de la rivière souterraine, où une balade en bateau permet d'admirer le travail d'érosion de l'eau. Ces grottes sont un spectacle visuel autant qu'une leçon vivante sur la formation de ces sites.

Au sommet du Béout, à seulement cinq minutes de marche du village de Batsurguère, se trouve un trou mystérieux. Il pourrait s'agir d'une fosse, d'une grotte ou d'un gouffre. Il y a deux à trois siècles, des moutons disparaissaient parfois chez les paysans des environs, qui mirent un certain temps à réaliser que le « voleur » n'était autre qu'un profond abîme. Ce trou pourrait bien communiquer avec d'autres cavités ou gouffres voisins, obstrués par les tremblements de terre quotidiens qui secouent les Pyrénées.

Il est fascinant de savoir qu'il y a six cent cinquante mille ans, des glaciers d'une épaisseur de mille mètres descendaient de Gavarnie pour atteindre Lourdes. Le Béout était alors entièrement recouvert de glace, seul le sommet du Pic du Jer émergeant de cette mer blanche.

Que d'explorations j'ai fait, enfant, dans ces grottes et cavités souterraines… À mi-chemin de notre Pic du Jer, face au Béout, j'ai découvert avec des amis ce que nous pensions être une grotte… Nous y lancions de grosses pierres, et le bruit de leur chute dans l'eau au fond résonnait comme un écho mystérieux… Était-

ce un simple trou rempli d'eau ou un lac souterrain ?
Cette « grotte » était une cavité, d'un diamètre maximum de quarante centimètres.

Au pied du Pic du Jer se trouve ce que nous appelions la fontaine fraîche, un abreuvoir inépuisable, même lors des étés les plus secs. Aujourd'hui, une grosse pierre obstrue l'entrée de ce trou, que nous nommions la tutte Margot.

Au sommet du Pic du Jer, une grotte est accessible aux visiteurs… Impossible de citer toutes les grottes de notre région…

Le mont Béout

Sers

Je vous invite à découvrir le village de Sers, niché à 1130 mètres d'altitude dans nos majestueuses Pyrénées. Ce havre de paix, où vous rêveriez de passer tous vos étés, est un ancien village de bergers situé dans la province du Lavedan, au cœur d'un ensemble de sept vallées en amont de Lourdes. Avec seulement 109 âmes, Sers est une commune rurale pleine de curiosité et de charme. Lors de ma première visite, il y a des décennies, j'ai été immédiatement séduit par l'atmosphère du lieu. Les couleurs y sont différentes, et un parfum enivrant flotte dans l'air. Les habitants, charmants, donnent l'impression d'être transportés sur une autre planète. C'est un véritable trésor caché que je vous recommande vivement de découvrir après vos dévotions à Lourdes.

Souvenir du col d'Aspin

Avec mon épouse, nous avons vécu un moment inoubliable près du col d'Aspin, où nous avons aperçu cinq isards à seulement 50 mètres de nous. Nous nous sommes arrêtés pour admirer ces créatures majestueuses, conscients de la rareté de cette rencontre. Nous avons ensuite rebroussé chemin pour éviter de les effrayer…

La Grande Cascade du Cirque de Gavarnie

Le Cirque de Gavarnie

Quelques mots encore pour vous parler du Cirque de Gavarnie, que j'affectionne particulièrement. Ce chef-d'œuvre de la nature a été façonné par des millions d'années d'histoire géologique. Sa formation remonte à l'ère glaciaire, une période où d'immenses glaciers recouvraient une grande partie de la Terre. Les roches qui le composent sont principalement des roches calcaires, formées il y a des millions d'années dans une mer peu profonde. Ces sédiments se sont accumulés et compressés au fil du temps, créant des couches solides.

Il y a environ 30 à 50 millions d'années, la collision des plaques tectoniques africaine et eurasienne a provoqué le soulèvement des Pyrénées. Ce phénomène a exposé les roches sédimentaires à l'érosion. Durant les périodes glaciaires, d'immenses glaciers ont recouvert les montagnes. Ces glaciers, en se déplaçant lentement, ont érodé la roche, creusant des vallées en forme de U et sculptant les parois du cirque.

Le Cirque de Gavarnie est un amphithéâtre naturel, résultat de l'érosion glaciaire. Les glaciers ont creusé une dépression circulaire, laissant derrière eux des parois abruptes et une cascade spectaculaire, la Grande Cascade, qui est l'une des plus hautes d'Europe.

Après le retrait des glaciers, les rivières ont continué à modeler le paysage, creusant des gorges et transportant les sédiments. La rivière Gave de Pau, qui traverse le cirque, a joué un rôle crucial dans ce processus.

En raison de sa beauté exceptionnelle et de son importance géologique, le Cirque de Gavarnie, ainsi que ses environs, a été inscrit au patrimoine mondial de l'UNESCO en 1997. Aujourd'hui, il est un site emblématique des Pyrénées, attirant des visiteurs du monde entier qui viennent admirer cette merveille naturelle et découvrir son histoire géologique fascinante.

Le Pic du Jer

J'ai déjà eu l'occasion de dire dans mon récit de vie, publié en 2022, combien j'aime le Pic du Jer, cette montagne que je considère comme mienne. Je la connais et la chéris tant que j'ai la sensation qu'elle est à moi et que je suis à elle ! Chaque pas que j'y fais me semble marquer le sol de mon empreinte. Une heure de marche suffit pour atteindre son sommet, où je me sens chez moi.

Lors d'une ascension un beau jour, j'ai croisé une renarde avec ses petits. Elle m'a montré les dents, mais je n'ai pas eu peur. J'ai continué mon chemin, sans la quitter des yeux, lui faisant comprendre que je respectais son territoire, et elle a respecté le mien. Le texte qui suit, comme quelques poèmes qui parsèment ce livre, figurait déjà dans mon autobiographie.

Vue de Lourdes depuis le Pic du Jer

Mon Pic du Jer !

Ah ! Cette montagne ! L'émotion qu'elle me procure !

Aussi belle que pure, je vous le dis avec certitude, là-bas tout est plénitude.

Lorsque j'y vais, c'est pour m'imprégner d'elle, j'y suis chez moi, rien ne peut la remplacer, j'en suis comblé.

Oh ! Mon Pic du Jer !

Chez toi comme nulle part ailleurs, tu régénères mon cœur avec un sentiment d'orgueil. C'est une vie pleine d'écueils. Là-bas, là-haut, ce que je ressens est étrange, j'ai l'impression d'entrer dans une danse avec les anges, et je valse je valse avec allégresse, tu berces agréablement ma vie, jamais tu ne me laisses en détresse.

Ce Pic du Jer, plus que tout autre lieu, me procure maints bienfaits. Bien qu'il pleuve et vente, je n'ai aucune envie de me démettre et ne ressens aucun mal-être.

J'ai de la chance de vivre à ses côtés, la montagne me donne et répond à tous mes désirs, c'est pourquoi je ne veux et ne pourrai m'en dessaisir.

Nul ne peut comme moi tomber en arrêt devant, en effet je suis né au pied même du Pic du Jer, je vous en conjure, n'en soyez pas jaloux, à chaque ascension je crois découvrir le Pérou. C'est une sinécure qui perdure.

Dans cet endroit, sur ces falaises, je passe de nombreux jours, comme ensorcelé, je me tiens hors de tout discours.

Il m'est arrivé après une journée de labeur, fort tard dans la soirée, d'aller y prendre un bol d'air – quel bonheur. Je songe à mes jeux d'enfant, dans le pré de monsieur Cazamoutou, nous nous amusions comme des fous à nous mesurer aux jeux des grands. Seul dans mon Pic du Jer je me ressource, je vagabonde, j'erre dans les vents, je le vis en bon enfant.

Avec les estives, il revêt les couleurs de l'été vrai, c'est en amont que je suis heureux, alors qu'en aval je baisse d'un ton et me sens malheureux.

Novembre tire à sa fin, l'hiver ! Un doux paysage blanc, dans ses chemins, la dernière neige balayée par des vents qui font tournoyer les quelques remous restants, tous sont écumes agitées, disparaissant.

Voilà que revient le printemps, avec ses chemins aux ornières creusées par le temps pris dans son élan pour enfin disparaître dans un souffle errant.

Ainsi va le cours de la vie en attendant le retour du beau temps et de ses parfums, comme chaque an.

Mon Pic du Jer !

Il n'est pas qu'un symbole que l'on peint sur toile. Et comme l'on dit ici, esclaves d'éphémères envies, revenez vers jadis.

Mon Pic de Jer !

Je n'en ai jamais assez et pourtant, je le sais, il faudra bien que cela s'arrête. Comment transmettre tout ton être ? Viendra un jour où tout – hélas ! – sera pour moi terminé, telle est ma destinée.

Veuillez s'il vous plaît sans tapage lire ces pages, mais ne les mouillez pas, vous comprendrez enfin mon message.

Il est vrai, dans mon Pic du Jer, mes cendres seront dispersées par les forts vents, elles raconteront :

« Ci-gît José dans sa montagne tant aimée. »

En effet, mes cendres seront dispersées sur la droite de la croix du Pic du Jer, à 30 ou 50 mètres, regard sur la Cité Mariale.

Chevaux pendant l'estive dans les Pyrénées

Ode à nos Pyrénées

Vous dites : « J'ai visité de multiples pays. » Très bien ! Mais connaissez-vous nos Pyrénées ? Avez-vous découvert nos vallées ? Si vous saviez le bien-être qu'elles nous procurent. Je puis vous en parler pour l'avoir vécu, et je vous invite à les découvrir.

En effet, j'ai commencé par notre petite montagne, le fameux Pic du Jer. J'y suis allé des centaines de fois, au pas de course, partout où c'était possible. Ma première ascension, je l'ai faite à l'âge de sept ans. Puis j'ai grimpé le Pibeste plusieurs fois, en groupe. J'ai aussi fait le Vignemale, qui s'élève à 3 298 mètres, le Balaïtous, à 3 144 mètres, le Néouvielle, à 3 092 mètres, et le Maladeta, à 3 312 mètres. Ce dernier est le plus humide et le plus froid de tous, mais quel beau souvenir j'en garde ! J'y étais allé avec les deux frères, Pierre et Jean Vergez, de l'hôtel du Cirque à Gavarnie.

Cette randonnée, dans la province de Huesca, est la plus intense des Pyrénées espagnoles. Pour mémoire, la première ascension fut réalisée le 28 septembre 1817 par le médecin naturaliste Friedrich Parrot avec le guide luchonnais Pierre Barrau.

J'ai rencontré de grosses difficultés pour mon baptême pédestre, à l'âge de quatorze ans. Départ du plan de Senastra, à Gavarnie, à 1 570 mètres. J'y ai vécu l'été, durant quatre mois, deux années de suite. On y rencontre l'estive à la belle saison, les troupeaux paissant alors sur les pâturages des hautes montagnes.

Ces lieux sont magiques par la diversité des paysages. De nombreuses prairies parcellaires jonchent les hauts sommets, et je peux dire que l'on reste en extase devant ces parterres enchantés. La beauté de ces lieux époustouflants, la variété de ces paysages de carte postale, la flore... Les pâturages de traditions ancestrales sont une autre raison de partir à la découverte de nos montagnes. Les Pyrénées, c'est l'air pur que l'on respire à pleins poumons, ce sont aussi les eaux curatives. Vous serez émus devant les multiples paysages qui se dévoilent mont après mont, devant les couleurs variées que la nature dessine humblement à chaque saison.

Nos vastes vallées sauvages sont parcourues d'une multitude d'itinéraires et de chemins de randonnée, certains poussant jusqu'en Espagne. De nombreux points d'intérêt se trouvent de part et d'autre de la frontière.

Barrière entre la France et l'Espagne, les Pyrénées s'étendent sur 430 kilomètres d'est en ouest, entre le cap de Creus au bord de la Méditerranée et le cap Higuer au sud de Saint-Jean-de-Luz. Le pic Aneto culmine à 3 404 mètres. Migrations, conquêtes, guerres, échanges commerciaux... Maintes raisons ont poussé les populations à franchir cette barrière des Pyrénées. Avec le temps et les échanges, les frontaliers français et espagnols ont perdu leurs spécificités et leur originalité d'antan.

Le premier acte mentionnant une frontière entre deux royaumes date de 1659. Il est signé sur l'Île des Faisans par le Cardinal Mazarin et Don Luis de Haro. Mais aujourd'hui, le bornage reste encore imprécis en de nombreux points.

L'origine du nom « Pyrénées » reste assez énigmatique. Hérodote, géographe et historien grec du Ve siècle avant notre ère, aurait été le premier à l'employer. Plus précisément, il évoquait une « ville de Pyrène ». « Pyrénées » est composé à partir de « pyr », qui signifie « feu » en grec, comme dans « pyrotechnie » ou « pyromane ». Diodore de Sicile, historien grec du Ier siècle avant J.-C., explique qu'un immense incendie avait été allumé dans ces montagnes par les bergers. La chaîne de montagnes aurait été baptisée Pyrénées à cause de cet incendie.

Les quatre saisons[1]

Le Printemps

Le printemps et sa luminosité attirent aux tout premiers jours du mois de mai de nombreux promeneurs venus se ressourcer dans nos Pyrénées. Au pas, d'un bon train ils découvrent des vues qui s'élargissent à mesure qu'ils approchent des sommets. Des chemins escarpés se trouvent dans un état désolant : vestiges d'un âpre hiver ayant malmené le paysage. Mais par bonheur, tout autour, la beauté s'éveille. Tel un rescapé, surgit un décor superbe révélant des formes somptueuses. Quel enchantement pour les yeux ! Dieu a rendu à la montagne sa beauté. En mille lieux, la nature reprend ses droits. La forêt, bien que défeuillée, semble s'ouvrir à vous et vous sourire, comme si l'été à elle aussi faisait plaisir. Elle vous ravira d'autant plus que vous vous soumettrez à ses lois. Rendez-lui hommage en respectant ces sous-bois qui vous rendent heureux. Quoi de plus agréable que de vous prélasser sous un pavé de lierre rampant ? De humer les parfums de la fin mai, qui, changeant chaque année, annoncent toujours l'été ? Laissez-vous conduire par la nature, ouvrez à elle vos sens, comme nous le faisons naturellement, nous, Pyrénéens.

---

1 J'ai écrit ce poème après avoir lu *Pyrénées, moisson de rêves*, superbe livre de Régis Faustin, publié en 2006 aux éditions Monthelios, que je recommande vivement.

L'Été

C'est la saison qui m'attire le plus, ce n'est pas étonnant, je suis né au mois d'août, par une chaude journée de 36° C. Un bon départ pour un nouveau-né ! Alors, la chaleur me convient bien sûr, le soleil est mon soutien. En haute montagne j'ai dressé un coin de ma vie, dans cet espace je gagne à me ressourcer, et malgré mon âge avancé, je m'y sens ragaillardi, laissant présager des moments enhardis. Au cœur de l'été, vous verrez comme moi la terre altérée reverdir et s'iriser de parterres de fleurs, malgré les blessures causées par la chaleur corrosive d'un brûlant été. Arrêtez-vous un instant pour écouter les bruits de la nature, goûtez aux myrtilles tapissant les clairières, observez la végétation – ces feuilles recroquevillées au sol, formant un paillage épais. Dans la fraîche soirée et la nuit étoilée, restez éveillés, si le ciel est clément, profitez-en pour vous reposer là. Restez attentifs… Quelle magie, n'est-ce pas ? Dans l'intimité pyrénéenne, les soucis se dissipent, le cœur se retrempe et le sang se régénère dans les veines.

L'Automne

L'automne humide et ses tempêtes répétées ébranlent le paysage. Plus rien ne se discerne, hors des feuilles et branches aux teintes maladives. C'est le chagrin des hommes. Ils peuvent marcher cependant, car, bien que balayés par les vents, les chemins ridant les vallons restent décents. Çà et là, dans un sursaut d'orgueil, le

soleil darde des rayons vieillissants sur les vastes estives enveloppées d'écueils. Hélas ! La mort déjà s'abat
par endroits, attristant les cœurs. La nature s'accroche
à ses oripeaux. Elle n'est pas tout à fait nue encore. Il
reste les arbres debout pleurant leurs dernières feuilles
au souffle des derniers vents.

Venez voir nos clairières avant qu'elles ne suc-
combent à l'hiver. Il se peut qu'elles vous offrent un
cadeau, cela se produit parfois en cette maussade saison. Vous serez peut-être surpris à la vue d'un groupe
d'isards ; et voilà qu'un bouc et une femelle se dé-
tachent et se congratulent unis dans l'effort ! Tout se
passe là sous vos yeux, et quelques secondes ont suffi
pour créer un éterlou ou une éterle ou bien même les
deux. Revenez dans cinq mois, vous verrez le petit peu
après la naissance tanguer sur ses quatre pattes et très
vite se mettre debout, il ira cahin-caha et bientôt rejoin-
dra d'autres cabris… Alors il s'en ira gambader, prêt à
courir le pays avec ses pairs pour le restant de sa vie.

L'hiver arrive, revenons au présent… Joies passées, images du futur, non, comme on dit par ici, « ra-
mène-moi au réel ». L'égarement jour et nuit me mine.

L'Hiver

La première neige est tombée sur les hauteurs. Les
anges n'ont pas le privilège de la blancheur immaculée. Du fond des ravins à l'horizon, un beau florilège se
dessine. Le vent s'essouffle, les ruisseaux sont paisibles

et commencent à geler : c'est que l'hiver s'impose. Les givres en cette saison se parent de couleurs, quel spectacle ! À lui seul, il est une raison de vivre. Mais maintenant le soleil se couche tôt, bien trop tôt. À peine goûte-t-on à ces vues que la nuit nous en prive, nous laissant rongés par l'amertume. Chez nous, à partir de six cents mètres d'altitude, les montagnes se couvrent intégralement de neige. Plus bas, bien que mince, le tapis de neige fraîche ne disparaît pas, le vent glacial en est la raison.

Je porte les quatre saisons des Pyrénées dans mon cœur. Quel ingrat j'aurais fait si, après sept décennies passées à arpenter ces monts merveilleux, je n'en avais parlé. J'ai longtemps attendu pour les écrire, vrai, car je désirais avant tout les vivre. Dieu veuille me prêter encore quelques printemps pour laisser mon émotion les mettre en mots.

Aínsa – par-delà la frontière

Lors d'une soirée à l'hôtel du Cirque, j'ai demandé à mon patron, Monsieur Vergez, ce qu'il y avait derrière « le mur de la montagne ». Il m'a répondu qu'il s'agissait d'Aínsa, un lieu espagnol, capitale de l'ancien royaume de Sobrarbe, intégré à celui d'Aragon au XIᵉ siècle. Il a proposé de m'y conduire en septembre, en passant par le col de Boucharo, qui fait office de frontière entre la France et l'Espagne, partant du col des Tentes et de Sarradets, pour arriver à la Brèche de Roland, et enfin jusqu'à Aínsa. Hélas, le voyage n'a pas eu lieu. J'y suis allé par la route, en passant par Saint-Lary, lorsque j'ai eu ma première voiture, soit dix ans plus tard.

Aínsa est une ville touristique magnifique, un lieu de rêve avec sa Plaza Mayor à portiques, superbe exemple d'urbanisme médiéval, et son belvédère qui domine un

paysage imprenable. C'est l'un des plus beaux villages
médiévaux d'Espagne. Sa situation privilégiée en fait
un point de départ idéal pour des excursions à pied ou
à vélo.

Espagne

Espagne, pays de mes ancêtres, belle patrie,
ainsi je te nomme
Sans exception, tous un grand cœur,
femmes et hommes
Les paysages au teint de miel aux dessins
d'étincelles
Les regards se portent sur toi, tu éblouis,
tu ensorcelles
En fin de journée, on aperçoit de multiples
arcs-en-ciel
L'ambiance du soir, voilà qui reste immortel
Les vues en montagne, en plaine, en mer, sont presque
irréelles
Les sites variés font parfois songer au Colorado
L'ensemble nous est présenté comme un cadeau
Contrée pittoresque, soleil au zénith, c'est merveilleux
L'observer met du baume cœur et rend heureux
Tout reste à comprendre, ou bien à deviner
Les traditions du pays, toujours jalousement gardées
Si loin de la patrie, terre des miens
La chaleur de ce peuple aux tripes me tient
Hélas ! Quelques regrets, il ne peut être mon Pays
Pourtant, il aurait pu me faire frémir
Il m'a été malheureusement impossible de le découvrir
La France, pays où je suis né, je n'ai pas su en partir

Le Pont d'Espagne

De retour du Pont d'Espagne à vélo
Le vent du nord me pèse
Souffle fort et devient obèse
Quand je le juge sous le poids d'un non-dit
Il suit son chemin et me saisit
Nous, Pyrénéens, on le maudit !
Le vent d'Espagne le contredit
En le repoussant dans son nid
En pédalent fort de toute mon énergie
Je contrarie ce vent aux courbes maudit
Laissant toujours un paysage meurtri
Le printemps viendra à bout du paysage flétri
Ce retour pénible à vélo que j'ai éprouvé aujourd'hui
Avec le poids d'une année de plus ça m'a surpris
Pressé d'arpenter les cols pour m'éblouir
Le fait de croiser certains jeunes en souffrance eux aussi
A éveillé mon courage toujours plus actif
Mes amis si le cœur vous en dit
Vous pouvez m'accompagner dans mes péripéties
Ce récit bien ou mal terminé, est-il ou non narratif ?

Épilogue

Dans ma longue vie, je me suis beaucoup investi, et je suis toujours là, à mon grand âge, sans canne et les pieds bien ancrés sur terre. Lourdes me préserve ! Certes, la tête quelque peu dans les nuages comme tous ceux de mon âge, mes facultés sont sans doute diminuées. Cependant, je me maintiens. Certains de mes amis sont courbés. « Ils sont vieux », me dis-je. Inutile de faire le malin en marchant bruyamment pour paraître plus jeune. En y regardant de près, les mêmes ravages se reflètent sur mon visage comme sur les leurs...

Me voilà, toujours dans cette vie. J'ai atteint quatre-vingt-dix ans. Eh bien oui, c'était dans les présages. Je suis croyant et Lourdais, et s'il plaît à Notre-Dame de Lourdes sous l'égide de Dieu, qu'elle me dirige dans le bon sillage avec clarté jusqu'à la grotte de Massabielle.

Que la vie est belle dans cette citadelle ! On y trouve harmonie et partage dans un bel éclat de cérémonies.

Dans ces lieux bénis, Dieu peut me prêter vie bien au-delà d'une décennie, comme je me l'étais promis. Je le dis sans amertume : ce sont les meilleurs qui partent les premiers. Que dire si, sans bruit ni tapage, à force de tarder, on finit par partir le dernier ? N'est-il pas malsain de se maintenir en vie, et pire, de souffrir de voir partir les siens ?

Les savants ont établi des moyennes d'âge : pour les dames, quatre-vingt-sept ans, pour les hommes, quatre-vingt-deux ans. Étant donné que le corps humain peut tenir jusqu'à cent vingt ans, combien de temps de vie puis-je encore attendre ?...

Il me faut rebondir, encore, toujours ! Je suis en osmose avec le monde, je garde mon enthousiasme et sans crainte je me dirige vers l'apothéose ! En attendant, je vis harmonieusement, entouré de plus jeunes que moi, faisant fi de nos décalages. L'essentiel, c'est que je suis toujours là, solidement assis, et je tiendrai jusqu'au bout et même au-delà.

À bon entendeur, je vous salue, tirez-en profit ! Je vous offre mon amitié, oui, pour toujours.

Je clos mon récit en embrassant ma chère ville de Lourdes. Je me souviens encore des paroles d'une touriste qui m'avait dit : « Vous avez de la chance d'être Lourdais et d'y être né. » Comme elle avait raison ! Lourdes est une ville bénie. Venez donc la visiter, flâner dans ses halles, vous y recueillir, et après avoir dégusté ses nourritures terrestres et spirituelles, je vous invite chaleureusement à vous ressourcer dans nos montagnes. Vous repartirez avec des souvenirs gravés à jamais dans votre cœur.

Vous l'aurez compris, Lourdes et nos Pyrénées ne sont pas qu'une destination : elles offrent une expérience spirituelle et profondément humaine.

SOMMAIRE

Crédits photographiques

Les photographies sont de l'auteur, sauf :
p.8 : Darreenvt/ licence CC
p.24 : Ville de Lourdes
p.40 : José Luiz Bernardes Ribeiro/ licence CC BY-SA 3.0
p.68 : carte postale ancienne d'après une photo de 1910 environ
p.90 : W. Bulach/ licence CC
p.99 : Myrabella/licence CC BY-SA 3.0 & GFDL